My Book of Secret Codes

Password Journal Notebook

Activinotes

Activinotes

DAILY JOURNALS, PLANNERS, NOTEBOOKS AND OTHER BLANK BOOKS

Password Journal

Account Name: ________________
Website : ________________
User I.D. : ________________
Email Used : ________________
Password : ________________

Notes :

Account Name: ________________
Website : ________________
User I.D. : ________________
Email Used : ________________
Password : ________________

Notes :

Account Name: ________________
Website : ________________
User I.D. : ________________
Email Used : ________________
Password : ________________

Notes :

Account Name: ________________
Website : ________________
User I.D. : ________________
Email Used : ________________
Password : ________________

Password

Journal

Notes :

Password Journal

Account Name: ______________

Website : ______________

User I.D. : ______________

Email Used : ______________

Password : ______________

Notes :

Account Name: ______________

Website : ______________

User I.D. : ______________

Email Used : ______________

Password : ______________

Notes :

Account Name: ______________

Website : ______________

User I.D. : ______________

Email Used : ______________

Password : ______________

Notes :

Account Name: ______________

Website : ______________

User I.D. : ______________

Email Used : ______________

Password : ______________

Password
Journal

Notes :

Password Journal

Account Name: ______________

Website : ______________

User I.D. : ______________

Email Used : ______________

Password : ______________

Notes :

Account Name: ______________

Website : ______________

User I.D. : ______________

Email Used : ______________

Password : ______________

Notes :

Account Name: ______________

Website : ______________

User I.D. : ______________

Email Used : ______________

Password : ______________

Notes :

Account Name: ______________

Website : ______________

User I.D. : ______________

Email Used : ______________

Password : ______________

Password Journal

Notes :

Password Journal

Account Name: ________________

Website : ________________________

User I.D. : ______________________

Email Used : ___________________

Password : _____________________

Notes :

Account Name: ________________

Website : ________________________

User I.D. : ______________________

Email Used : ___________________

Password : _____________________

Notes :

Account Name: ________________

Website : ________________________

User I.D. : ______________________

Email Used : ___________________

Password : _____________________

Notes :

Account Name: ________________

Website : ________________________

User I.D. : ______________________

Email Used : ___________________

Password : _____________________

Password Journal

Notes :

Password Journal

Account Name: ______________

Website : ____________________

User I.D. : ___________________

Email Used : ________________

Password : __________________

Notes :

Account Name: ______________

Website : ____________________

User I.D. : ___________________

Email Used : ________________

Password : __________________

Notes :

Account Name: ______________

Website : ____________________

User I.D. : ___________________

Email Used : ________________

Password : __________________

Notes :

Account Name: ______________

Website : ____________________

User I.D. : ___________________

Email Used : ________________

Password : __________________

Password Journal

Notes :

Password Journal

Account Name: ______________
Website : ______________
User I.D. : ______________
Email Used : ______________
Password : ______________

Account Name: ______________
Website : ______________
User I.D. : ______________
Email Used : ______________
Password : ______________

Notes :

Notes :

Account Name: ______________
Website : ______________
User I.D. : ______________
Email Used : ______________
Password : ______________

Notes :

Account Name: ______________
Website : ______________
User I.D. : ______________
Email Used : ______________
Password : ______________

Password Journal

Notes :

Password Journal

Account Name: ______________

Website : ____________________

User I.D. : ___________________

Email Used : _________________

Password : __________________

Notes :

Account Name: ______________

Website : ____________________

User I.D. : ___________________

Email Used : _________________

Password : __________________

Notes :

Account Name: ______________

Website : ____________________

User I.D. : ___________________

Email Used : _________________

Password : __________________

Notes :

Account Name: ______________

Website : ____________________

User I.D. : ___________________

Email Used : _________________

Password : __________________

Password Journal

Notes :

Password Journal

Account Name: ______________

Website : ________________

User I.D. : ________________

Email Used : ______________

Password : ________________

Notes :

Account Name: ______________

Website : ________________

User I.D. : ________________

Email Used : ______________

Password : ________________

Notes :

Account Name: ______________

Website : ________________

User I.D. : ________________

Email Used : ______________

Password : ________________

Notes :

Account Name: ______________

Website : ________________

User I.D. : ________________

Email Used : ______________

Password : ________________

Password Journal

Notes :

Password Journal

Account Name: ______________

Website : ______________

User I.D. : ______________

Email Used : ______________

Password : ______________

Notes :

Account Name: ______________

Website : ______________

User I.D. : ______________

Email Used : ______________

Password : ______________

Notes :

Account Name: ______________

Website : ______________

User I.D. : ______________

Email Used : ______________

Password : ______________

Notes :

Account Name: ______________

Website : ______________

User I.D. : ______________

Email Used : ______________

Password : ______________

Password Journal

Notes :

Password Journal

Account Name: ______________

Website : ____________________

User I.D. : ___________________

Email Used : _________________

Password : __________________

Notes :

Account Name: ______________

Website : ____________________

User I.D. : ___________________

Email Used : _________________

Password : __________________

Notes :

Account Name: ______________

Website : ____________________

User I.D. : ___________________

Email Used : _________________

Password : __________________

Notes :

Account Name: ______________

Website : ____________________

User I.D. : ___________________

Email Used : _________________

Password : __________________

Password Journal

Notes :

Password Journal

Account Name: ________________
Website : ____________________
User I.D. : ___________________
Email Used : _________________
Password : ___________________

Notes :

Account Name: ________________
Website : ____________________
User I.D. : ___________________
Email Used : _________________
Password : ___________________

Notes :

Account Name: ________________
Website : ____________________
User I.D. : ___________________
Email Used : _________________
Password : ___________________

Notes :

Account Name: ________________
Website : ____________________
User I.D. : ___________________
Email Used : _________________
Password : ___________________

Password Journal

Notes :

Password Journal

Account Name: ______________

Website : ____________________

User I.D. : ___________________

Email Used : ________________

Password : __________________

Notes :

Account Name: ______________

Website : ____________________

User I.D. : ___________________

Email Used : ________________

Password : __________________

Notes :

Account Name: ______________

Website : ____________________

User I.D. : ___________________

Email Used : ________________

Password : __________________

Notes :

Account Name: ______________

Website : ____________________

User I.D. : ___________________

Email Used : ________________

Password : __________________

Password Journal

Notes :

Password Journal

Account Name: ______________
Website : ____________________
User I.D. : ___________________
Email Used : ________________
Password : __________________

Notes :

Account Name: ______________
Website : ____________________
User I.D. : ___________________
Email Used : ________________
Password : __________________

Notes :

Account Name: ______________
Website : ____________________
User I.D. : ___________________
Email Used : ________________
Password : __________________

Notes :

Account Name: ______________
Website : ____________________
User I.D. : ___________________
Email Used : ________________
Password : __________________

Password Journal

Notes :

Password Journal

Account Name: ______________
Website : ______________
User I.D. : ______________
Email Used : ______________
Password : ______________

Notes :

Account Name: ______________
Website : ______________
User I.D. : ______________
Email Used : ______________
Password : ______________

Notes :

Account Name: ______________
Website : ______________
User I.D. : ______________
Email Used : ______________
Password : ______________

Notes :

Account Name: ______________
Website : ______________
User I.D. : ______________
Email Used : ______________
Password : ______________

Password Journal

Notes :

Password Journal

Account Name: ______________

Website : ____________________

User I.D. : ___________________

Email Used : ________________

Password : __________________

Notes :

Account Name: ______________

Website : ____________________

User I.D. : ___________________

Email Used : ________________

Password : __________________

Notes :

Account Name: ______________

Website : ____________________

User I.D. : ___________________

Email Used : ________________

Password : __________________

Notes :

Account Name: ______________

Website : ____________________

User I.D. : ___________________

Email Used : ________________

Password : __________________

Password Journal

Notes :

Password Journal

Account Name: ______________

Website : ____________________

User I.D. : ___________________

Email Used : ________________

Password : _________________

Notes :

Account Name: ______________

Website : ____________________

User I.D. : ___________________

Email Used : ________________

Password : _________________

Notes :

Account Name: ______________

Website : ____________________

User I.D. : ___________________

Email Used : ________________

Password : _________________

Notes :

Account Name: ______________

Website : ____________________

User I.D. : ___________________

Email Used : ________________

Password : _________________

Password Journal

Notes :

Password Journal

Account Name: ______________

Website : ____________________

User I.D. : __________________

Email Used : ________________

Password : __________________

Notes :

Account Name: ______________

Website : ____________________

User I.D. : __________________

Email Used : ________________

Password : __________________

Notes :

Account Name: ______________

Website : ____________________

User I.D. : __________________

Email Used : ________________

Password : __________________

Notes :

Account Name: ______________

Website : ____________________

User I.D. : __________________

Email Used : ________________

Password : __________________

Password Journal

Notes :

Password Journal

Account Name: ________________
Website : ________________
User I.D. : ________________
Email Used : ________________
Password : ________________

Notes :

Account Name: ________________
Website : ________________
User I.D. : ________________
Email Used : ________________
Password : ________________

Notes :

Account Name: ________________
Website : ________________
User I.D. : ________________
Email Used : ________________
Password : ________________

Notes :

Account Name: ________________
Website : ________________
User I.D. : ________________
Email Used : ________________
Password : ________________

Password Journal

Notes :

Password Journal

Account Name: ______________
Website : ____________________
User I.D. : ___________________
Email Used : _________________
Password : ___________________

Notes :

Account Name: ______________
Website : ____________________
User I.D. : ___________________
Email Used : _________________
Password : ___________________

Notes :

Account Name: ______________
Website : ____________________
User I.D. : ___________________
Email Used : _________________
Password : ___________________

Notes :

Account Name: ______________
Website : ____________________
User I.D. : ___________________
Email Used : _________________
Password : ___________________

Password Journal

Notes :

Password Journal

Account Name: ______________

Website : ____________________

User I.D. : ___________________

Email Used : _________________

Password : ___________________

Notes :

Account Name: ______________

Website : ____________________

User I.D. : ___________________

Email Used : _________________

Password : ___________________

Notes :

Account Name: ______________

Website : ____________________

User I.D. : ___________________

Email Used : _________________

Password : ___________________

Notes :

Account Name: ______________

Website : ____________________

User I.D. : ___________________

Email Used : _________________

Password : ___________________

Password Journal

Notes :

Password Journal

Account Name: ______________

Website : ____________________

User I.D. : ___________________

Email Used : ________________

Password : __________________

Notes :

Account Name: ______________

Website : ____________________

User I.D. : ___________________

Email Used : ________________

Password : __________________

Notes :

Account Name: ______________

Website : ____________________

User I.D. : ___________________

Email Used : ________________

Password : __________________

Notes :

Account Name: ______________

Website : ____________________

User I.D. : ___________________

Email Used : ________________

Password : __________________

Password Journal

Notes :

Password Journal

Account Name: ______________

Website : ______________

User I.D. : ______________

Email Used : ______________

Password : ______________

Notes :

Account Name: ______________

Website : ______________

User I.D. : ______________

Email Used : ______________

Password : ______________

Notes :

Account Name: ______________

Website : ______________

User I.D. : ______________

Email Used : ______________

Password : ______________

Notes :

Account Name: ______________

Website : ______________

User I.D. : ______________

Email Used : ______________

Password : ______________

Password Journal

Notes :

Password Journal

Account Name: ______________

Website : ____________________

User I.D. : ___________________

Email Used : _________________

Password : __________________

Notes :

Account Name: ______________

Website : ____________________

User I.D. : ___________________

Email Used : _________________

Password : __________________

Notes :

Account Name: ______________

Website : ____________________

User I.D. : ___________________

Email Used : _________________

Password : __________________

Notes :

Account Name: ______________

Website : ____________________

User I.D. : ___________________

Email Used : _________________

Password : __________________

Password Journal

Notes :

Password Journal

Account Name: ______________

Website : ____________________

User I.D. : ___________________

Email Used : _________________

Password : __________________

Notes :

Account Name: ______________

Website : ____________________

User I.D. : ___________________

Email Used : _________________

Password : __________________

Notes :

Account Name: ______________

Website : ____________________

User I.D. : ___________________

Email Used : _________________

Password : __________________

Notes :

Account Name: ______________

Website : ____________________

User I.D. : ___________________

Email Used : _________________

Password : __________________

Password Journal

Notes :

Password Journal

Account Name: ______________

Website : ____________________

User I.D. : ___________________

Email Used : ________________

Password : __________________

Notes :

Account Name: ______________

Website : ____________________

User I.D. : ___________________

Email Used : ________________

Password : __________________

Notes :

Account Name: ______________

Website : ____________________

User I.D. : ___________________

Email Used : ________________

Password : __________________

Notes :

Account Name: ______________

Website : ____________________

User I.D. : ___________________

Email Used : ________________

Password : __________________

Password Journal

Notes :

Password Journal

Account Name: ______________

Website : ____________________

User I.D. : ____________________

Email Used : __________________

Password : ___________________

Notes :

Account Name: ______________

Website : ____________________

User I.D. : ____________________

Email Used : __________________

Password : ___________________

Notes :

Account Name: ______________

Website : ____________________

User I.D. : ____________________

Email Used : __________________

Password : ___________________

Notes :

Account Name: ______________

Website : ____________________

User I.D. : ____________________

Email Used : __________________

Password : ___________________

Password Journal

Notes :

Password Journal

Account Name: ______________
Website : ____________________
User I.D. : ___________________
Email Used : _________________
Password : __________________

Notes :

Account Name: ______________
Website : ____________________
User I.D. : ___________________
Email Used : _________________
Password : __________________

Notes :

Account Name: ______________
Website : ____________________
User I.D. : ___________________
Email Used : _________________
Password : __________________

Notes :

Account Name: ______________
Website : ____________________
User I.D. : ___________________
Email Used : _________________
Password : __________________

Password Journal

Notes :

Password Journal

Account Name: ______________

Website : ______________

User I.D. : ______________

Email Used : ______________

Password : ______________

Notes :

Account Name: ______________

Website : ______________

User I.D. : ______________

Email Used : ______________

Password : ______________

Notes :

Account Name: ______________

Website : ______________

User I.D. : ______________

Email Used : ______________

Password : ______________

Notes :

Account Name: ______________

Website : ______________

User I.D. : ______________

Email Used : ______________

Password : ______________

Password Journal

Notes :

Password Journal

Account Name: ______________
Website : ____________________
User I.D. : ___________________
Email Used : ________________
Password : __________________

Notes :

Account Name: ______________
Website : ____________________
User I.D. : ___________________
Email Used : ________________
Password : __________________

Notes :

Account Name: ______________
Website : ____________________
User I.D. : ___________________
Email Used : ________________
Password : __________________

Notes :

Account Name: ______________
Website : ____________________
User I.D. : ___________________
Email Used : ________________
Password : __________________

Password
Journal

Notes :

Password Journal

Account Name: ______________

Website : ____________________

User I.D. : ___________________

Email Used : ________________

Password : __________________

Notes :

Account Name: ______________

Website : ____________________

User I.D. : ___________________

Email Used : ________________

Password : __________________

Notes :

Account Name: ______________

Website : ____________________

User I.D. : ___________________

Email Used : ________________

Password : __________________

Notes :

Account Name: ______________

Website : ____________________

User I.D. : ___________________

Email Used : ________________

Password : __________________

Password Journal

Notes :

Password Journal

Account Name: ______________

Website : ____________________

User I.D. : ___________________

Email Used : ________________

Password : __________________

Notes :

Account Name: ______________

Website : ____________________

User I.D. : ___________________

Email Used : ________________

Password : __________________

Notes :

Account Name: ______________

Website : ____________________

User I.D. : ___________________

Email Used : ________________

Password : __________________

Notes :

Account Name: ______________

Website : ____________________

User I.D. : ___________________

Email Used : ________________

Password : __________________

Password Journal

Notes :

Password Journal

Account Name: ______________

Website : ______________

User I.D. : ______________

Email Used : ______________

Password : ______________

Notes :

Account Name: ______________

Website : ______________

User I.D. : ______________

Email Used : ______________

Password : ______________

Notes :

Account Name: ______________

Website : ______________

User I.D. : ______________

Email Used : ______________

Password : ______________

Notes :

Account Name: ______________

Website : ______________

User I.D. : ______________

Email Used : ______________

Password : ______________

Password Journal

Notes :

Password Journal

Account Name: ______________
Website : ____________________
User I.D. : ___________________
Email Used : ________________
Password : __________________

Notes :

Account Name: ______________
Website : ____________________
User I.D. : ___________________
Email Used : ________________
Password : __________________

Notes :

Account Name: ______________
Website : ____________________
User I.D. : ___________________
Email Used : ________________
Password : __________________

Notes :

Account Name: ______________
Website : ____________________
User I.D. : ___________________
Email Used : ________________
Password : __________________

Password
Journal

Notes :

Password Journal

Account Name: ____________

Website : ____________

User I.D. : ____________

Email Used : ____________

Password : ____________

Notes :

Account Name: ____________

Website : ____________

User I.D. : ____________

Email Used : ____________

Password : ____________

Notes :

Account Name: ____________

Website : ____________

User I.D. : ____________

Email Used : ____________

Password : ____________

Notes :

Account Name: ____________

Website : ____________

User I.D. : ____________

Email Used : ____________

Password : ____________

Password Journal

Notes :

Password Journal

Account Name: ______________

Website : ____________________

User I.D. : ___________________

Email Used : ________________

Password : __________________

Notes :

Account Name: ______________

Website : ____________________

User I.D. : ___________________

Email Used : ________________

Password : __________________

Notes :

Account Name: ______________

Website : ____________________

User I.D. : ___________________

Email Used : ________________

Password : __________________

Notes :

Account Name: ______________

Website : ____________________

User I.D. : ___________________

Email Used : ________________

Password : __________________

Password Journal

Notes :

Password Journal

Account Name: ______________

Website : ____________________

User I.D. : ____________________

Email Used : ________________

Password : __________________

Notes :

Account Name: ______________

Website : ____________________

User I.D. : ____________________

Email Used : ________________

Password : __________________

Notes :

Account Name: ______________

Website : ____________________

User I.D. : ____________________

Email Used : ________________

Password : __________________

Notes :

Account Name: ______________

Website : ____________________

User I.D. : ____________________

Email Used : ________________

Password : __________________

Password Journal

Notes :

Password Journal

Account Name: ______________
Website : ____________________
User I.D. : ___________________
Email Used : ________________
Password : __________________

Notes :

Account Name: ______________
Website : ____________________
User I.D. : ___________________
Email Used : ________________
Password : __________________

Notes :

Account Name: ______________
Website : ____________________
User I.D. : ___________________
Email Used : ________________
Password : __________________

Notes :

Account Name: ______________
Website : ____________________
User I.D. : ___________________
Email Used : ________________
Password : __________________

Password Journal

Notes :

Password Journal

Account Name: ______________

Website : ______________

User I.D. : ______________

Email Used : ______________

Password : ______________

Notes :

Account Name: ______________

Website : ______________

User I.D. : ______________

Email Used : ______________

Password : ______________

Notes :

Account Name: ______________

Website : ______________

User I.D. : ______________

Email Used : ______________

Password : ______________

Notes :

Account Name: ______________

Website : ______________

User I.D. : ______________

Email Used : ______________

Password : ______________

Password Journal

Notes :

Password Journal

Account Name: ______________

Website : ____________________

User I.D. : ___________________

Email Used : ________________

Password : __________________

Notes :

Account Name: ______________

Website : ____________________

User I.D. : ___________________

Email Used : ________________

Password : __________________

Notes :

Account Name: ______________

Website : ____________________

User I.D. : ___________________

Email Used : ________________

Password : __________________

Notes :

Account Name: ______________

Website : ____________________

User I.D. : ___________________

Email Used : ________________

Password : __________________

Password Journal

Notes :

Password Journal

Account Name: ______________

Website : ______________

User I.D. : ______________

Email Used : ______________

Password : ______________

Notes :

Account Name: ______________

Website : ______________

User I.D. : ______________

Email Used : ______________

Password : ______________

Notes :

Account Name: ______________

Website : ______________

User I.D. : ______________

Email Used : ______________

Password : ______________

Notes :

Account Name: ______________

Website : ______________

User I.D. : ______________

Email Used : ______________

Password : ______________

Password Journal

Notes :

Password Journal

Account Name: ______________
Website : ______________
User I.D. : ______________
Email Used : ______________
Password : ______________

Account Name: ______________
Website : ______________
User I.D. : ______________
Email Used : ______________
Password : ______________

Notes :

Notes :

Account Name: ______________
Website : ______________
User I.D. : ______________
Email Used : ______________
Password : ______________

Account Name: ______________
Website : ______________
User I.D. : ______________
Email Used : ______________
Password : ______________

Notes :

Password Journal

Notes :

Password Journal

Account Name: ______________

Website : ______________

User I.D. : ______________

Email Used : ______________

Password : ______________

Notes :

Account Name: ______________

Website : ______________

User I.D. : ______________

Email Used : ______________

Password : ______________

Notes :

Account Name: ______________

Website : ______________

User I.D. : ______________

Email Used : ______________

Password : ______________

Notes :

Account Name: ______________

Website : ______________

User I.D. : ______________

Email Used : ______________

Password : ______________

Password Journal

Notes :

Password Journal

Account Name: ____________
Website : ____________
User I.D. : ____________
Email Used : ____________
Password : ____________

Notes :

Account Name: ____________
Website : ____________
User I.D. : ____________
Email Used : ____________
Password : ____________

Notes :

Account Name: ____________
Website : ____________
User I.D. : ____________
Email Used : ____________
Password : ____________

Notes :

Account Name: ____________
Website : ____________
User I.D. : ____________
Email Used : ____________
Password : ____________

Password Journal

Notes :

Password Journal

Account Name: ____________________

Website : ____________________

User I.D. : ____________________

Email Used : ____________________

Password : ____________________

Notes :

Account Name: ____________________

Website : ____________________

User I.D. : ____________________

Email Used : ____________________

Password : ____________________

Notes :

Account Name: ____________________

Website : ____________________

User I.D. : ____________________

Email Used : ____________________

Password : ____________________

Notes :

Account Name: ____________________

Website : ____________________

User I.D. : ____________________

Email Used : ____________________

Password : ____________________

Password Journal

Notes :

Password Journal

Account Name: ______________

Website : ______________

User I.D. : ______________

Email Used : ______________

Password : ______________

Notes :

Account Name: ______________

Website : ______________

User I.D. : ______________

Email Used : ______________

Password : ______________

Notes :

Account Name: ______________

Website : ______________

User I.D. : ______________

Email Used : ______________

Password : ______________

Notes :

Account Name: ______________

Website : ______________

User I.D. : ______________

Email Used : ______________

Password : ______________

Password Journal

Notes :

Password Journal

Account Name: ______________

Website : ____________________

User I.D. : ____________________

Email Used : ________________

Password : __________________

Notes :

Account Name: ______________

Website : ____________________

User I.D. : ____________________

Email Used : ________________

Password : __________________

Notes :

Account Name: ______________

Website : ____________________

User I.D. : ____________________

Email Used : ________________

Password : __________________

Notes :

Account Name: ______________

Website : ____________________

User I.D. : ____________________

Email Used : ________________

Password : __________________

Password Journal

Notes :

Password Journal

Account Name: ______________

Website : ____________________

User I.D. : ___________________

Email Used : ________________

Password : __________________

Notes :

Account Name: ______________

Website : ____________________

User I.D. : ___________________

Email Used : ________________

Password : __________________

Notes :

Account Name: ______________

Website : ____________________

User I.D. : ___________________

Email Used : ________________

Password : __________________

Notes :

Account Name: ______________

Website : ____________________

User I.D. : ___________________

Email Used : ________________

Password : __________________

Password Journal

Notes :

Password Journal

Account Name: ______________

Website : ______________

User I.D. : ______________

Email Used : ______________

Password : ______________

Account Name: ______________

Website : ______________

User I.D. : ______________

Email Used : ______________

Password : ______________

Notes :

Notes :

Account Name: ______________

Website : ______________

User I.D. : ______________

Email Used : ______________

Password : ______________

Notes :

Account Name: ______________

Website : ______________

User I.D. : ______________

Email Used : ______________

Password : ______________

Password Journal

Notes :

Password Journal

Account Name: ______________
Website : ____________________
User I.D. : ___________________
Email Used : ________________
Password : __________________

Notes :

Account Name: ______________
Website : ____________________
User I.D. : ___________________
Email Used : ________________
Password : __________________

Notes :

Account Name: ______________
Website : ____________________
User I.D. : ___________________
Email Used : ________________
Password : __________________

Notes :

Account Name: ______________
Website : ____________________
User I.D. : ___________________
Email Used : ________________
Password : __________________

Password Journal

Notes :

Password Journal

Account Name: ______________
Website : ______________
User I.D. : ______________
Email Used : ______________
Password : ______________

Notes :

Account Name: ______________
Website : ______________
User I.D. : ______________
Email Used : ______________
Password : ______________

Notes :

Account Name: ______________
Website : ______________
User I.D. : ______________
Email Used : ______________
Password : ______________

Notes :

Account Name: ______________
Website : ______________
User I.D. : ______________
Email Used : ______________
Password : ______________

Password Journal

Notes :

Password Journal

Account Name: ________________

Website : ________________

User I.D. : ________________

Email Used : ________________

Password : ________________

Notes :

Account Name: ________________

Website : ________________

User I.D. : ________________

Email Used : ________________

Password : ________________

Notes :

Account Name: ________________

Website : ________________

User I.D. : ________________

Email Used : ________________

Password : ________________

Notes :

Account Name: ________________

Website : ________________

User I.D. : ________________

Email Used : ________________

Password : ________________

Password Journal

Notes :

Notes

www.ingramcontent.com/pod-product-compliance
Lightning Source LLC
Chambersburg PA
CBHW081335090426
42737CB00017B/3149
* 9 7 8 1 6 8 3 2 1 6 2 4 7 *